AF598803

Desde los márgenes

Lydia Fernández Pereda

Aliarediciones

Corrección: Eladia Guerrero
Ilustración de cubierta: Lucía de Zavala Gracia
Maquetación: Aliar Ediciones

Depósito Legal: GR 906-2024
ISBN: 978-84-10374-30-0

Impreso en España

Edita
ALIAR Ediciones
www.aliarediciones.es
info@aliarediciones.es

Desde los márgenes

Lydia Fernández Pereda

Flores que nacen en los márgenes del camino

Todos, todas necesitamos un asilo. Bastan unos brazos, un regazo, una mirada..., pero todos necesitamos un asilo. Primero fue el asilo de las palabras y los versos, cuando Lydia Fernández Pereda nos hablaba de *Los amores en vano...* pero ningún amor, ningún paso, por doloroso que sea, lo es. «Del dolor nace el arte», dice uno de los poemas de *Desde los márgenes.* Y, si bien es cierto que en manos del poeta y del artista la tristeza puede metamorfosearse, como una mariposa, y convertirse en belleza, como el mismo poema dice «también de la euforia / de las alas renovadas / de la energía» nace el arte.

Así, como Luis Cernuda con *Cántico* y *Clamor,* Lydia da la vuelta al timón en este nuevo poemario, y del vacío, la tristeza y el paso del tiempo nos lleva a la esperanza, a la alegría, a las ganas de vivir y a la reconstrucción. Porque, a veces, las grietas en el suelo o en las paredes son oportunidades para que crezcan las flores y la vida; a veces, las ruinas son el lugar en donde se levantan los palacios, y es la tierra que ha estado en reposo la que se vuelve tierra nutritiva para que arraiguen las raíces y nazcan las enredaderas verdes que acarician los muslos.

Eso es lo que encontramos en *Desde los márgenes*, porque junto al yo lírico ha aparecido el tú. Ese tú que se convierte en la medida del tiempo y del espacio y que es el final del peor de los inviernos. El tú que esperaba para romper el mundo y llevar a la poeta al otro lado de la vida. Un tú que es ajuste de cuentas con la realidad y con el amor.

Y así, con cada cosa en el lugar que le corresponde, el libro se llena de versos que hablan de presente y de futuro, y de palabras que riegan geranios y tulipanes. Cada página desborda pasión que se convierte en fuego y en relámpago, y cada poema desprende olor a tierra en la que hundir la raíz para convertirla en roca de apoyo y ancla a la vida.

En este nuevo libro, Lydia Fernández Pereda ha dejado atrás el frío y las cicatrices y nos regala poemas de ida y vuelta, únicos y universales, eternos como el rayo y como el amor.
Poemas con el sur en el horizonte.

Begoña Regueiro Salgado

In the end all you can hope for
is the love you felt to equal the pain you've gone through.
(Editors, «Bones»)

A David, porque andábamos sin buscarnos

ASILO

Quiero pensar
que me susurras que te dé
una noche de asilo.

Al menos,
eso es lo que yo he entendido.

Ruedan las horas
y los días con sus noches
y en mis sueños fantaseo
con que me des tú a mí
una noche de asilo:
que me dejes refugiarme,
una noche,
en tu regazo.

Comprobar a qué sabe.

Y dejar de tener el alma en vilo.

LA VIDA DE LOS PECES

Si te atreves a dar el salto
te espero
(sigo esperando)
al otro lado,
con noches de asombro
entre los dedos de las manos.

QUE ME MUEVAS EL SUELO

Que me muevas el suelo
significa
que te estás acercando irremediablemente
a un centímetro del yo.

Que me muevas el suelo
significa
tener que esforzarme a cada minuto
por ponerle freno
a tanta rienda suelta.

Que me muevas el suelo
significa
que me pueden las ganas de ti,
significa
que las penas, ahora, más lejanas,
parecen menos penas.

Que me muevas el suelo
significa
que vuelvo a tener alas,
que la vida me estaba esperando,
que sí había esperanza.

MICRORRELATO 2

El final del peor de los inviernos
siempre serás tú.

AJUSTE DE CUENTAS

Vengo de tanto dolor,
de tantas horas de soledad,
de un corazón tan roto,
que era pozo hondo
y pena negra.

Vengo de cerrarme yo sola las heridas,
de abrirme paso
cerrando las cicatrices
a base de agua oxigenada.

Vengo de todo eso,
habiendo dejado mi lastre,
por fin,
atrás.

Y como un vendaval,
slowly,
then all at once,
se me caen las corazas
y los vasos, las penas,
las reservas,
los mapas, los días,
las horas, las noches,
los planes, el futuro, el presente
y el yo en el aquí, el ahora.

Se cae todo y empiezo a recomponerlo,
a reconstruir de cero.

CUANDO ME DESARMAS

Hay algo
en la forma en que disparas
esas frases tuyas,
tan contundentes,
algo de impulso explosivo,
a bocajarro,
que me corta la respiración.

Una y otra vez.

CUANDO ME HABLAS DE ARTE

Del dolor nace el arte,
dices.

Y no solo del dolor.

También de la euforia,
de las alas renovadas,
de la energía que
me hace más liviana,
más atrevida, más entregada.

Nace también
en la promesa,
en un rayo que parte las horas,
en un impulso
que tironea hacia delante.
En una voz,
un deseo,
un arrebato.

En la esperanza.

MI MEDIDA DEL TIEMPO

En el fondo,
lo que yo quiero
no es vivir a futuro,
sino que la medida del tiempo
no sea el presente.

Que no sean las horas,
ni los días,
sino los versos,
la sensación en el vientre,
el corazón cuando da un vuelco.

Que mi medida del tiempo
sea líquida,
desaparezca,
seas tú.

LLÉVAME CONTIGO

Llévame al otro lado.
Con que lo digas solo una vez
me basta.

Sácame de la incertidumbre,
de la diferencia horaria,
de las noches creando anticipaciones
tan tangibles
que parecen recuerdos.

Rómpeme el mundo,
créame uno nuevo,
del otro lado.

Llévame contigo,
llévame a tu lado.

NOBODY LIKES PATIENCE

Me alimento de esas palabras
con las que vas regando
los geranios,
los tulipanes
y los rayos con los que engaño
a las horas,
hasta la llegada
de esa nueva palabra tuya
que me conduzca
hasta el posesivo
que has construido para mí.

BREATHE ME IN

Ya sé que lo que siento
es universal.

Y estas ansias,
mis ganas,
el abandono de la cordura,
no son únicos
ni exclusivamente míos.

Pero sí son únicos
mis sueños,
mi latido bajo las sábanas,
la densidad de mi impaciencia,
tus palabras.

LAS COSTURAS

Me estás rompiendo el sueño,
mis propias reglas,
los esquemas,
la percepción del tiempo.

REVELACIÓN

En ese momento de tensión,
de descubrimiento,
me estabas esperando
sin tú saberlo.

SOL Y SOMBRA

Con tu voz
lo llenas todo.

Y de repente ya olvido
los ratos de sombras,
el muro invisible
que se construye a veces.

Llega tu voz de nuevo
y es un comienzo,
cada vez,
las posibilidades.

El deseo.

RESUMEN

Todo se reduce
al pánico que le tengo
a las horas vacías.

Llénamelas con tus manos.

ESPACIO-TIEMPO

Mi libertad reside
entre las cuatro paredes
de las alas
de mi imaginación.

Reside en el acto de rebeldía
con el que me levanto
cada mañana,
se apoya en el brillo de tus ojos
y toma impulso
hasta alcanzar esa ventana de tiempo
en la que coinciden tus ganas
con mi deseo,
ahí,
donde se resuelve
lo mucho que te intento,
en esas horas
en las que hay más luz
y el estómago da un vuelco.

CONDICIONAL

Si ahora mismo pudiera besarte,
te tocaría
con la punta de mis versos.

LO INESPERADO

Contigo llegó la vida:
encontró la grieta
por la que colarse
y hacer palanca.

POEMA DE IDA Y VUELTA

A veces el mundo gira
sobre sus talones
y me doy cuenta
de que estás esperando
con los ojos abiertos
entre los dedos de tus manos.

Y me gritas en susurros
que vas a llenarme de vida
de ida y vuelta.

Yo, mientras,
te espero
con una enredadera verde
que me nace entre los muslos
y se encuentra
con la luna en mis caderas.

DEL PASO DEL TIEMPO

Hasta ser tú,
todos mis versos hablaban del pasado.

Entonces,
tú,
y desde que existes,
solo pueden hablar del ahora.

Y del futuro.

A MODO DE MANDAMIENTO

Voy a tener que darte
todos los besos que tengo
guardados
en el bolsillo trasero del pantalón,
en el cajón de la cocina
y entre el desorden de mi pelo.

Voy a tener que llenarte
llevarte
llevarnos
y llenarnos
de vida de ida y vuelta,
centímetro a centímetro
y verso a beso.

INCENDIO

Echar abajo las paredes
y provocar un incendio.
La anticipación.
Los márgenes se derriten.
El rayo que me atraviesa.
La luz que me ilumina
en cada posesivo.

El deseo,
que desborda y rompe las costuras.
El presente,
por fin.
Tú.

ANCLA

Y acaso
cuando desaparezca este dolor
quede espacio para el nosotros.

Y entonces el ancla
que me une a la tierra,
a ti,
que eres de tierra,
que te has convertido en mi tierra,
pero también en roca,
y en ancla,
entonces,
amor,
tierra,
roca,
ancla,
nos llevarán al sur.

LA NUBE NEGRA

I want to shelter you.
(Imagine Dragons, «Demons»)

Dejaré mi boca
entre los pliegues
del poema que es tu cuerpo,
para que me dejes borrar
esa nube negra
que se posa en tu frente,
para que encuentres tu sitio,
por fin,
tu remanso,
en mi regazo.

ETERNO COMO UN RAYO

Una pasión del tamaño
de un cielo abierto,
que rasga
todos los esquemas
sin permiso,
que me eleva
y me da futuro.

La puerta
a un amor sin billete de regreso,
eterno como un rayo.

Índice

Este libro se terminó de editar en Granada
en junio de 2024 por

www.aliarediciones.es
info@aliarediciones.es